ⓒ사진촬영_ 문은기

이경호

비탈

애지시선 054
비탈

2014년 2월 19일 초판 1쇄 발행

지은이　이경호
펴낸이　윤영진
편　집　함순례
디자인　함광일 이경훈
홍　보　한천규
펴낸곳　도서출판 애지
등록　제 2005-5호
주소　300 - 812 대전광역시 동구 태전로 867번길 46(삼성동)
전화　042 637 9942
팩스　042 635 9941
전자우편　ejiweb@hanmail.net

ⓒ이경호 2014
ISBN 978-89-92219-49-5 03810

* 저자와의 협의에 의해 인지를 생략합니다
* 이 책 내용의 전부 또는 일부를 재사용하려면 저자와 애지 양측의
  동의를 받아야 합니다

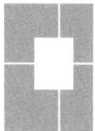

예지시선 0 5 4

비탈

이경호 시집

□ **시인의 말**

누구도 묻지 않았다
어디로 가느냐고

애써 말하지 않았다
어디로 가는지를

거미줄에서는 거미들만 자유롭다

나를 거미줄에 건다

2014년 2월
이경호

차례

시인의 말　005

제1부
독서　013
웅덩이　014
암소 한 마리　015
말뚝 유전　016
비탈　018
돌담부처　019
강가에서　020
봄　022
서산마애삼존불　024
무연고 묘　026
바구미　027
쭉정이 콩을 위한 만가　028
모래따기　029
우아해진다는 것　030

제2부

은방울꽃　035
입으로 짓는 집　036
끈　037
마늘 심기　038
어록　040
아내　041
붉은 노을　042
미끼　044
덕담시대　045
주치의　046
입하入夏　048
전지를 하다가　049
잔칫날　050
인터뷰　051
기억의 힘　052

제3부

수감시인 055
길 056
텃새 058
오양 060
우편배달부는 시동을 끄지 않는다 062
세상에서 가장 먼 길 064
자연산 우럭 066
벚꽃 그늘 아래 서면 068
무인도 070
휴식 071
발톱 072
귀향 074
그의 설법 075
연날리기 076

제4부

세월 081
윤회 법칙 082
찔레댁 084
내 가격 086
도시락 088
연비論 090
느티나무의 행진 092
빈 집 운동회 093
겨울 아침에 094
백년 트랙 096
가을 098
주류합동창고 099
인천식당 100
산을 오르며 102

해설 | 고명철 103

제1부

독서

시장市場은
누덕누덕한 사기史記 한 권이다

함석과 슬레이트 판자로 만든
표지는 아주 낡았다

책갈피처럼 넘보지만
동부시장이라고 쓴
큼지막한 제목만 읽어낼 뿐이다

생의 동쪽 찾아가는 유목민들이
아기가 크는 동안 잠시 눌러앉은 푸른 초원

어느새
눈 맑은 부족이야기를 읽고 있다
한 여인이 건넨 덤 때문에
나도 푸른 초원편의 한 페이지가 되었다

웅덩이

비 그친 흙탕물이
하루가 지나
깨끗하게 떠올랐다

떠돌던 흙이
그 아래
곱게 가라앉았다

한세상 분탕질로 살았던 사람들
죽을 땐 저렇게
맑게 가라앉는다지
파란 하늘이 그 위에 스며들 만큼
깨끗해진다지

그 웅덩이 속
첨벙대는 사람 하나
곱게 떠오를 수 있을까

암소 한 마리

암소 한 마리, 라는 고깃집에서
암소가 묻힌 봉분들이 나온다

스스로 무덤이 되겠다고
사람들이 줄을 물고 들어간다

말뚝 유전

그가 면접을 치르고
말뚝과 밥그릇 받던 날
주인얼굴엔 환하게 초승달이 떴다
초승달이 상현달 되었다가
보름달 그믐달을 반복하는 동안
그는 직함 하나 갖게 되었다
멍석전문가 명함으로
멍석을 짜고 다듬는 일을 하였다
하루에 한 장 발자국멍석 짜고 나면
하늘에는 별이 떴다
달뜨면 멍석은 빵처럼 빛났고
아침마다 물을 얻어먹을 수 있었다
그때마다 꼬리를 흔들거나
배 드러낼 줄 아는 눈치 키웠는데
횟배 앓고 있었을 것이다
오랜 가계의 병력으로 속이 메스꺼워
빵을 몰래 파먹었다가 들통이 난 날

주인이 초승달전화기를 들었고
작은 빵에도 꼬리치는
강아지의 면접이 시작되었다

비탈

비탈은 겨울을 그리며
비탈은 따뜻할 때엔 아닌 척
비탈은 바람을 들어 껴안고 놀다가
비탈은 이름도 없이 살다가
비탈은 겨울이 되어야 서서히 일어나
비탈은 눈이 내리면 비탈임을 깨닫고
비탈은 절벽에서도 피하지 않고
비탈은 바람을 칼 삼아 제 몸을 찔러
비탈은 피를 흘리며 바람을 삼키고
비탈은 비로소 비탈이 되며
비탈은 갈기를 세우고
비탈은 밤새도록 창가에 날을 들이대다가
비탈은 서슬에 겸손해진 자들만 통과시키고
비탈은 누구에게는 언제나 비탈로 남아 있다

돌담부처

 밭의 주인은 돌이었다 낮게 엎드렸던 돌은 흙이 되기로 작정하였다 냉이 민들레 쑥을 위하여 제 가슴을 내주면서 흙처럼 부드럽게 살고 싶었다 어느 날 돌들은 가장자리로 내던져져 돌담이 되었다 아무것도 품을 수 없게 된 돌은 한동안 삐걱거리며 무너지기 일쑤였다 가슴에 바람이 들어앉았다 우는 일이 일이었다 울다 지친 어느 날 돌은 보았다 예전 자기가 있던 자리에 더 많은 꽃이 피고 나비가 나는 것을 눈물은 마르기 시작했고 가슴은 벅차올랐다 바람을 막아주면서 밭을 지키는 것으로 족했다 돌은 오래도록 그렇게 또 살았다 벌거벗은 채로도 좋았다 작년 그러께부터 돌담에도 풀씨가 날아와 둥지를 틀었고 담쟁이 넌출도 몸을 맡겨오기 시작하였다

강가에서

호령하듯 산이 서 있고
복종하듯 구부린 들녘 사이 금강이 흐르고 있습니다

이젠 곰도 걸어서 건널 수 있을 곰나루
울고불고 걸어가다 빠져 죽은 웅녀를 떠올립니다

강물이 골짜기를 만들며 흐른다지만
얕아진 강바닥을 보면
산과 들을 꿰매느라 흐른 것 같습니다

강에 와서 보니 해가 떴다 지는 것도
수수껍질 같은 달력이 떨어져나가는 것도
사랑과 배신도
사람들 죽고 태어나는 것도
모두 바느질이란 생각이 듭니다

산이 감접이를 풀고 들은 날실을 뽑아

수천 년 바느질로 단정해진 금강이
가는 사람 잡을 줄 모르는 내게
오직 죽음으로 사랑을 기운
웅녀의 바느질 소리를 들려주고 있습니다,
물소리를 감추고 세월 시치는 소리만 들려줍니다

속이 너덜너덜하니
가슴에 강물 좀 담아가야겠습니다

봄

기러기를 따라온 나그네가
살구꽃 산복숭아꽃 산수유꽃을 판다고해서
찾아갔다
산수유꽃을 사서
아이에게 줬더니 입이 커졌다
아내가 좋아하는
매화는 없다하여 벚꽃을 사주었다
소녀처럼 엉덩이를 흔들어댔다
나그네는 입담이 아주 좋았다
침을 튀겨가며 보따리를 풀어놓으면
그칠 줄을 몰랐다
언젠가는 하룻밤 함께 지샌 적 있는데
아침엔 꽃을 다 팔았다며
떠나겠다고 하였다
그 많은 꽃을 누가 샀나
일일이 물어보기도 뭐하고
그를 배웅하며 둘러보기로 하였는데

자두꽃은 고모가 샀고
사과꽃은 이장이 샀고
개나리 진달래는 안 산 집이 없고
나그네는 장사 한번 잘 됐다고
초록꽃병을 덤으로 주고 떠나갔다

서산마애삼존불

쓸데없는 말이 튀어나오려는 날이면
골짜기 하나 먹고 싶어진다
알면서도 모든 사연 폭포에 묻고
모르는 척 하늘을 여백으로 둘 줄 아는
풍경 하나 먹고 싶어진다
느티와 붉나무가 언제 눈이 맞았는지
그 후손이 누구인지
무지개 피라미가 누구네 돌담으로 들어갔는지
서론이 긴 사람이 어떻게 본론으로 걸어갔는지
태양의 말씀을 누가 차근히 받아 적었는지
다 알고 있지만 침묵하는 여기에서
바지도 젖고 가슴이 젖는, 그렇게
옛 스님들도 젖다 갔을 여기에서
아침을 알리던
닭 모가지 자른 중생이 누군지 알면서도
탓하지 않는 여기에서
아침이 그렇게 사라져도

냉수 한 사발 찾지 않고 그저 웃기만 하는 여기에서
내가 무슨 말을 참고 있는지
다 알고 있는 여기에서
다 알고 있어서 붉어지는 초록에게 눈짓하면서
미소 한 덩이가 먹고 싶어진다

무연고 묘

요리사 모자 길이가 삼십 센티미터인 이유가
맛을 내는데 십 년
향을 내는데 십 년
모양을 내는데 십 년이기 때문이라는데

구십 년 뒤 쓰게 될 구십 센티미터 내 모자

바구미

스님 한 분이 여름을 끌고 간다
첩첩 산을 끼고 돈 다음에도
직진을 놓치지 않고

발바닥에 몇 번이나 생살 돋았을까
작은 몸뚱이로
반듯하게 밑줄 하나 긋고 간다

왜 자주 방향을 잃었을까
파란색으로 밑줄 아래 물음표를 달고

무슨 말 덧붙일까
무슨 말 덧붙일까
가야할 지점은 없고 사는 것만 있다는 듯
스님의 잰걸음마다 연꽃 피는데

쭉정이 콩을 위한 만가

하늘은 이미 남의 것
너희는 바닥만 고집하여
머리 세우지 못했지

하늘이 낸 성골은
배가 불러오는데
너희는 숨죽이며 신음하였다지

골반 한번 뜨거워보지 못하고
입덧도 모르고 살다가
낫질에 내동댕이쳐지고

아, 차가운 눈발들이 무덤을 만들면
언제 다시 일어날 수 있겠나

한철 바닥에 엎드려 함께 살았으나
너희가 콩이었다고는 차마 말할 수 없으니

모래따기

 모래 긁어모아 봉긋한 무덤 위에 깃대 하나 세워놓고 마주 앉아 가위 바위 보, 바위가 먼저 가량하여 쓸어가고 이어 가위가 쓸어가고 바위와 가위는 서로 숨을 죽이고 깃대가 쓰러지지 않기를 혹은 깃대가 쓰러지기를 반복적으로 주시한다 상대가 못된 짓의 주인공이기를 바라면서

 깃대는 쓰러지기만 하면 된다 박수 소리 들으며 눕기만 하면 된다 깃대는 잠시 섰던 그 자리가 무덤이라 깨닫기만 하면 된다 모래무덤에 세 들어 사는 동안 스친 손의 절반은 왼쪽으로 쓸어가고 절반은 오른쪽으로 쓸어갔다 흔들리는 좌우 누가 부축이나 해 주었는가 쓸어가는 손들과 악수를 하고 술잔을 나누고 눈만 마주쳤을 뿐

 바람 많이 닿을수록 몸이 드러난다 바람아 불어라 생은 풍장風葬인 것을 인연도 바람 속으로 사라지고 사랑도 날리는 것을 속삭임도 흩어지고 약속마저도 행방이 묘연한 것을, 자꾸 구부리는 것이 편해지고 있으니

우아해진다는 것

시장골목을 빨간 잠바가 누비고 간다
페달 굴리며 가는데
유난히 짧은 오른 다리는 시늉뿐이다

사는 일이 저 정도는 되어야지
자전거에 올라 슬그머니
시치미 뗄 수 있어야지
길을 나서기까지
그는 얼마나 출렁거렸을 것인가

어여쁜 종아리 힐끗, 안 본 척하고
나를 더 이상 읽으려들지 않는 아내와 아무렇지 않은 듯 살아내고
심심한 잉여로 쳐주는 사람들 곁을 모른 척 걸어가는 일은
충분히 출렁거렸다는 증거

뒷짐 진 하늘이 하루 한번
눈 끔뻑여 주지 않았다면 나는 참 많이 출렁거리고 있
을 것이다

제2부

은방울꽃

집안엔 자손 많은 게 장땡이여
제사 차리는 어머니
매년 같은 말씀이시다

늬 아버진 꽃을 아주 좋아하셨다
조율이시 꽃을 놓으신다

지방 쓰고 까치발로 잔 부어놓고
같은 자리 나란히 엎드려 해마다 피는

입으로 짓는 집

까치 두 마리가 며칠 전부터
집 앞을 빙빙 돌며
전봇대 틈새에 집을 짓는다

긴 가지를 물고 오더니
끼우다가 바닥에 떨어뜨렸다
얼른 하강한 녀석은 딴전 부리다가
다른 가지를 물고 올라간다

열흘 지난 집이 제 몸뚱이 반도 안 된다
입으로 짓는 집이 쉬 지어지랴
둥지는 침 냄새가 날 것이다

어르지 못할 가지 다 뱉어낸
어머니의 입은 가장 따뜻한 집이다
그 속에서
새끼들이 날개를 펼치고 날아갔다

끈

나
처음 세상에 나와 떨던 날
어머니
마늘 캐셨다

나
처음 세상에 나와 울던 날
아버지
머슴살이 방아 찧고 계셨다

삼십삼 년 지난 오늘
어머니
마늘 캐신다

아버지
아파트 경비원 머슴살이 하신다

마늘 심기

아버지 생전에 심었던
육쪽마늘이 아직 건재하다

혈통을 잇기 위해 습기를 제거하고
바람이 잘 통하는 처마를 골라
튼튼하게 못질을 하고
보기 좋게 엮어 걸었던 마늘 종자들

숱한 고통들은 어디에 엮어 거셨나
아직도 찾지 못한 아버지의 고통 한 접

어머니는 씨알이 작다고
종자개량을 해야겠다고
내년 봄엔 꼭 송아리를 따야겠다고
송아리 심어 통마늘
통마늘 심어 육쪽을 내야겠다고
벌써 삼대를 내다보시며

꾹꾹 쪽마늘을 놓으신다

어머니 말씀이 뿌리내리려는지
등줄기에 식은땀이 흘러내린다

어록

당신을 기록하자니 무릎이 시려옵니다
처음과 마지막을 쓰는 일은 어렵지 않으나
중간은 어떤 차례를 밟아야할지 모르겠어요
처음을 씁니다, 젖 먹자, 먹자
마지막을 써봅니다, 밥 먹었느냐, 밥 먹자
먹이는데 소모한 한 인간의 평생을
난 배부르다, 라고 중간에 써 넣습니다
논 일은 표 나고 한 일은 표가 안 난다더니
당신을 기록하기란 어렵기만 한데
제가 떠드는 말은 모두 당신의 말씀이고
당신을 쓰는 일은 저를 쓰는 일인데
당신의 말씀 절반도 알아듣지 못하고서야
알아들은 것 절반도 움직이지 않고서야
어찌 저를 쓸 수 있겠는지요

아내

세상 모서리에 부딪치고 깨져
무디어진 날을 끼운다

백서른다섯 근 몸집
걸레처럼 문지방 기어든
축축한 날을 끼운다

아무렇게나 쓰러져
붉게 녹슬고 있는 날을 끼운다

하룻밤이면
그 속에서 다시 날이 선다
칼이 된다

숫돌을 품은 칼집이다

붉은 노을

 고향 찾아가는 명절이 다가오면 아버지는 정확히 이틀 전부터 걸음 빨라지고 너그러워지셨네 설빔이나 추석빔이 없다고 투정 부려도 참아내곤 하셨네 중학교 1학년 때부터였을 것이네 명절날이면 당신이 만들었다며 선물처럼 나를 꾸려가서는 성묘하고 떡 돌리 듯 돌리다가 고향분들 만나 술잔과 바꾸기도 하였네 괜찮아! 술은 어른들 앞에서 배우는 거야! 술 한 방울 못하는 당신 대신이라고 어른들은 즐겁게 나를 술잔과 바꾸어 갔고 나는 교환되기를 마다하지 않았네 해마다 몸값은 치솟아 삼 년 뒤 당신은 비싼 나를 떠메고 가느라 힘이 드셨을 것이네 고등학생이 술 마시고 다녀도 아무 말씀 안하고 담뱃갑 찌그러져도 모른 척하셨네 폐병에 걸려 요양하던 내게 가물치 잡아오던 때부터는 술잔과 나를 바꾸지 않으셨네 학교 갔다 돌아오면 먼 밭에서 일부러 와 어느새 귓불에 코 들이밀고 왔냐! 한 마디 하고 쟁기소처럼 돌아가셨네 점심 후 당신은 꼭 문지방 베고 누워 비 내리는 고모령을 넘다가 잠이 들었고 코고는 소리를 흉내내보겠다고 함께 누워있다 잠들어 깨어나면 이불엔 당신 냄새뿐이었네 새벽마다 얇은 부엌벽으로 들려오던 한숨과 걱정은 나를 쇠죽처럼 끓였네 그래도 삭정이 군불에 사타구니로 손 밀어 넣던 시절이었네 처음 갔던 서울 만리동 고개 발밑에 두었던 봉지사과 버스 안을 돌아다니게 되었네 줍기 창피해서 움쩍하지 않던 나를 대신하여 한 알 두 알 주워 담던 당신이었네 그해 겨울 나는 일기를 많이 썼었네 제발 떨어지라던 대학 진학은 가계를 위하지 못하고 졸업 후 금줄을 넘어 다니는 내게 믿는다는 말만 남기고 언덕 넘어가셨네 가끔 부쳐주시는 붉은 편지로 형편을 헤아리지만 편지 읽을 때마다 글자가 젖는 건 어쩔 수가 없네 아직도 금줄을 넘어 다니면 되느냐고 탓하시지는 않지만 어제 편지엔 이렇게 몇 자 적어 주셨네 너무 울면 못쓴다고 그리고 초인종을 아무 거나 눌러선 안 된다고

미끼

내가 사용했던 미끼들은 대개 낡아졌다
감을 먹겠다고 봄볕 좋은 날 걸어둔 이파리
햇살바람물결을 낚느라 늙었고
홀로 계신 어머니 외롭지 말라고
마당에 묶어두었던 메리의 움직임도 둔해졌다
돋보여보겠다고 여기저기 걸쳐보던
맨드라미 헛바닥은 붉은 기운 사라졌고
이름 석 자 불러주면 빨개지던 동심은
오늘도 이름을 구하느라 무릎 시리다
나의 미끼들은 떠날 채비를 하는 것들뿐이다
아니면 이미 떠난 것들
무엇보다 허기지고 지쳐 찾을 때마다
흔들리며 먹잇감을 물어와 한 상 차려내는 미끼도 낡았다
  흙더미 밭고랑에 무심히 던져두고 한 세상 잘 걷어먹고 있는
  지상의 큰 바늘에서 한 번도 빼낸 적이 없는

덕담시대

 개구리 둘이서 콩밭을 뛰어다녔다 늙은 개구리는 아주 오랫동안 심심했던지 콩대 져 나르는 동안 개굴개굴 잘도 울어댔다

 그거 알아? 개구리끼리는 울음소리 서로 밸 때까지 우는 거, 그래야 상대 마음까지도 알아보는 거여 처음엔 우는 법을 몰랐지 배고파서 창자창[때] 한 자락 읊고 있으면 이웃개구리들이 들여다보고 한참 울어주던 시절이 있었지 자네는 금방 일어날 거여 젊고 부지런하잖은가 그 울음 한 사발에 힘은 남아돌더라고 한 뼘 돼기밭도 커 보이더라고 말 한마디가 밥이더라니까 콩도 자기들끼리 울어주면서 여무는 거여 알을 다 쏟아내고 아궁이에서 탈 때 소리 지르는 것도 다 울음소리가 밴 때문이여 서로 좋은 소리 해가며 살아야 하는 거여 어디가든 그래야 하는 거여 곡식 한 됫박은 아무것도 아녀 말씀 한 됫박이 최고인 거여

주치의

농가병원 여의사는 회진을 거르는 법이 없다
아침 일찍 논두렁 씨의 거즈를 바꿔 붙이고
고추 씨 엉덩이에 주사를 놓기도 하면서
장기 환자 마늘 씨의 굳은 혈을 뚫어주고
양파 씨의 실밥을 뽑아내면서 한 마디 말도 않는다
논두렁 씨는 시월이 퇴원이지만
고추 씨는 상태가 더 안 좋아졌다
마늘 씨는 모레면 집으로 돌아가고
양파 씨는 언제고 퇴원을 할 수 있다
의사는 고추 씨의 차트에 농약처방이라 적는다
마늘 씨로부터는 벌써 병원비를 받았고
기초생활수급자인 양파 씨는 무료로 할 것이다
논두렁 씨는 주치의를 따로 정해주어서
내년부터는 다른 병원에서 진료를 받을 것이다
시들시들한 고추 씨는 아마 올해를 넘기지 못할 지도 모른다
고추 씨만 보면 가슴이 아파서

오래도록 손을 잡아주는 시간이 요즘 부쩍 늘었다

입하入夏

어머니 뜨락 비었네

노구 이끌고
어디를 누비실까

일당 오만 원이야
당신 목소리를 판 돈

오늘은 누가 사갔을까

전지를 하다가

 내가 알고 있는 최고는 단연 내 할아버지다 바람피우는 간단한 기술 하나로 내 아비를 머슴으로 만들었다 머슴살이가 지겨웠던 아버지는 자식들이 생기자 개울을 다섯 개쯤 건너가는 법을 알았고 낯선 땅에 허겁지겁 창고처럼 집을 짓는 것도 익혔다 숨길 것이 많았던 가난은 나무를 심어야한다는 것을 알았고, 나무 울타리는 아버지를 전지기술자로 만들었다 슬픔을 전지하던 아버지는 내 머리도 자주 깎아주셨다 머리는 가끔 친구들 놀림거리가 되었지만 곤궁을 함께 전지하고 싶었던 나는 내 양말을 깁기도 하였다 전지기술이 유명해진 아버지는 어느 날 구름 목장의 전화를 받고 울타리 전지도 해주고 양털 깎아 돈 벌어 오겠다며 떠나가서는 십 년도 넘게 무소식이다 나는 먼 훗날 아버지를 만나게 되면 자랑스럽게 내보일 전지기술을 익히고 있지만 만년초보, 전지를 하다가 올려다보는 하늘엔 아버지가 깎은 양털들이 흘러간다 난 아직 멀었다

잔칫날

수건 쓰고
뙤약볕 기어 다니는 아낙들은
스스로를 수건벌레라 불렀다

오늘은 분 찍어 바르고
꽃이 되었다

이 꽃과 저 꽃 사이
쟁반날개 퍼덕이며 날아다니는
수벌들 목소리가 굵다

인터뷰

주름이 늘면서 욕심도 늘어나더라고
담배농사는 말여 사람이 짓는 게 아녀
목돈냄새 맡아보려고 하우스를 두 동이나 빌렸더니
목돈은 그만두고 비닐 값도 어림없어
물렁해진 골초 때문에 엮어 걸기도 어렵고 큰 일여
담배고랑 기다보면 신물부터 나온다니께
그렇게 삼십 년이여
손에 굳은 때가 꼈어
어제는 김치 담갔는데 쓰다며 죄다 안 먹더라니께
몸뚱이도 골초간 게 분명허여
아무짝에도 쓸모없는 짐승이 된 거여
뼈까지도 머리까지도 골초간 거여
우린 사람 되긴 글러먹었다니께
어차피 사람이 아니었다니께

기억의 힘

무주구천동으로 빨려 들어가며 참은 숨을
백련사에서 뿜는다

일본무장도 보고 형제간 살육도 죄 보았을 법한
아주 오래된 돌배나무가 열매를 뿜고 있는 초가을

늙은 나무가 할 수 있는 건
기억력으로 열매를 맺거나 옷을 갈아입는 일

헐대로 헐은 아랫배와 골다공증의 무릎으로
생애 마지막을 버티고 있는 것이 꼭 내 종조모 같다

강제로 실려 간 요양병원에서
찾아오는 일 드문 자식들 주렁주렁 기억하며
오늘도 기저귀 갈아입고 계실

제3부

수감시인

죄명은 인간의 말씀만 좋아한다는 거였다
가슴이 좋아했던 소리들을 해쳤다는 이유로
광활한 생명의 말씀을 잘 알아듣지 못한다는 이유로
옛 성현을 맹신하던 어느 죄수 추종하다가
독방에 갇혔을 때는
뻐꾸기소리 개구리소리조차 구분할 수 없었다
그야말로 말씀들이 아니었으므로
소리불감치료를 위해 입원한 적은 있었으나
형기는 감형되지 않았다
게다가 욕설과 노래 몰래 익힌 것이 발각되어
형기조정위원회가 열렸고
전향각서를 쓰면 석방이라는데
최근엔 격언이나 속담을 적어놓았다는 이유로
무기징역을 선고받은 상태다

길

그늘도 없는 아스팔트
푸른 소 한 마리
폐타이어 매달고 간다

밀짚모자가 이끄는 대로
채찍을 맞으며
걸음마를 배우는 중이다

저 길 어디쯤
보폭이 맞아떨어질 때 주어질
외양간의 안락과 세끼 밥

고분고분 매를 맞을 줄 알았던
소년은 충분히 안락할까

아직도 어디선가 매 맞고 있으리라

오두미五斗米가 있는 쪽으로 방향을 잡는

길들여진 중년 하나

텃새

가로림만이 보이는 팔봉산
가파른 길 오르다가 만난 새들
어디서 날아왔을까

몸 저절로 비뚤어지는 비탈에서
모로 앉아 허리 곧추 세우느라
등뼈가 많이 휘었다

꽃가마 타고 시집오던 날
합환주에 날개 잃고 노래를 얻은 가수들

지금은 이 산길에서
지나가는 발소리 반주삼아
밤 무 대추 좌판가를 부르고 있다

뼈마디 욱신거리는 밤과
땅을 잃은 무를 펼쳐놓고

체면이야 대추처럼 오그라들거나말거나
자작곡을 열창하는데

한 마리 새가 되어
그녀 십팔번에 부리를 갖다 댄다
날개가 퍼덕퍼덕 수평을 잡는다

오양

만선의 깃발을 세우고 싶었다
한 번만 목숨 걸고 배를 타면
다시는 배를 타지 않겠노라 했다
눈물의 배는 정박하면서
긴 잠을 자고 싶었다, 그러나
스물 네 시간 배를 타야만 했다
대전에서도 만만찮은 몸값을 받았는데
만선의 뱃노래 부르지도 못하고
줄에 매달려 여기까지 왔다
단돈 칠백만 원 때문에
뭉칫돈 노린 보자기에
남정네를 씻어주며
비린내 밴 처녀막도 바다에 버리고
오늘도 찻잔 들고 배달을 간다
섬에 가면 아가씨가 예쁘다는 소문은
뱃고동에 실려 바닷가를 떠돌고
텅빈 가슴

잦은 황사로 뿌옇기만 한데
거친 파도 어둠 속에서
한 시간 만 원짜리 등대가 되는 오양은
등대다방의 얼굴이다

우편배달부는 시동을 *끄*지 않는다

 이런 일은 말여 사람이먼 뭇허구 체부니께 할 수나 있
는 겨

 그가 자주 하는 말이다

 오토바이보다 먼저 날아가는 몸뚱이

 이장이 강제 구독하는 일간지보다 더
꼬박꼬박 징수해간 젊음, 그에겐 잔고가 없다
종일 도와달라는 동생 목소리를 이명처럼 달고
바람으로 지푸라기로 흐르는 날이 반쯤 돌아섰다
퇴직금 받아 동생을 살릴까
아내와 동생 사이에서 길은 더 미끄럽다
형이라는 이유만으로 독촉장은 쌓였고
월남참전 후로도 수십 수년 용사였다
입으로 불어도 사라질 것 같은 유산
열 번도 넘게 저당을 풀었는데

아직도 저당이다
세상에 저당 잡힌 몸을 기다리는 집이 이리 많을 줄이야
이 사람 저 사람 소식 모두 전해주고도
풀칠 한번 못한 마음은
한 통의 편지가 되지 못하고 벌써 쉰여덟

경비자리 알아보던 시큰한 발목
눈부터 털어내고는 오토바이 일으켜 세운다
최장호는 시동이 꺼지지 않는 우편배달부다

세상에서 가장 먼 길

젊은 아들이 풍을 맞았는가 보다
오른쪽을 잃어
문턱 하나 넘기도 힘들어 보이는 모자

병원을 나서자 길이 깔리고 있다
아들이 걸어온 길과
어미가 걸어갈 길이 이어지고 있다
헤어졌던 길이 한길로 모였는데
걸어온 길인가
걸어갈 길인가
어느 쪽에 인생이란 이정표를 세워야 하나
길에 서서 둘은 어리둥절하다

편평한 길
둘 다 똑바로 걸을 수 없지만
다행히도 걷는 모양은 비슷해졌다며
손 맞잡고 기우뚱기우뚱

발아래 땅속으로 가는 길보다 더 먼 길,
어미의 길을 따라 걸어가고 있다

자연산 우럭

만리포횟집에는 피어싱을 한 그녀가 산다
듬성듬성한 비늘 옷을 입고
바늘 박힌 채
자연산 증거로 녹이 슬어가고 있는 그녀는
이제 바다를 꿈꾸지 않는다

먹이 덥석 물었지만
더러 세상이 던진 바늘에 꿰여
끌려 다니는 비틀비틀 걸음 사이
쭈그려 앉은 노인도 자연산이다
날 때부터 입은 바다 옷은 주머니가 커서
정월 맛 오른 굴처럼 살짝 도려 먹고 싶던 계집애와
말도 없이 나가 고기밥이 된 아버지와
당으로 먼저 간 마누라를 구겨 넣었지만
누덕누덕 해졌다는 그도
이제 바다를 꿈꾸지 않는다

저승길 바람만 불어오는

만리포에서는 나도 이제

개똥밭에 굴러도 이승이 좋다고는 말하지 않기로 했다

벚꽃 그늘 아래 서면

삼화목장 벚꽃 거리 행군 같은 거기 서면
하늘은 없고 깨알처럼 박혀있는 꽃잎들
눈뜨다만 아픔을 보게 된다
활짝 핀 꽃보다
피어나기 위한 몸부림이 더 아름답다고
아직은 그늘진 몇 송이를 보게 된다

딱하다는 어른 말씀
네가 딱하다
굳세게 받아치던 홍순이 미친 애
이맘때였을까
나무에 매달려 하늘갈 때 보았던
맨발이 붙어있다
미처 묶지 못한 허리춤
다시 풀어헤치던 여인들이 붙어있다

그늘지어 붙어있는 몸부림을 생각하면

피어나지 못한 이름들이 가슴팍을 치는데
돈독 오른 장사치에 밀려
바람둥이 낯짝 감춘 화려한 외출에 밀려
제 집이나 지키고 있는 목장의 소들처럼
가슴 닳고 닳는데
홍순이 맨발은 무엇으로 피었을까
한 많은 여인들 무엇으로 피었을까

벚꽃 그늘아래 들면
하늘은 없고 몸부림치는 맨발들이 보인다
누렁소 핏발선 눈망울들 보인다

무인도

해마다 저 혼자
봄을 기다려 딱 한철
울긋불긋
진달래 치마 차려입고
머리핀을 꽂는 섬

일 년을 기다려
딱 하루
생일상 받아놓고
더덩실
좋아 웃는 노인네 하나

휴식

 부러진 우산살이 천을 찢었다 덧대기 전에는 아물지 않을 만큼 제 뼈가 제 몸을 찔렀다 그게 왜 그렇게 노여웠을까 헛바닥을 잘라야 하나 나를 찌르는 부러진 생각들 오늘만큼은 곱게 접어두기로 주머니 털어 자리 하나 마련했다 저수지가 내다보이는 창가 속이 드러나지 않게 곱게 접힌 종업원이 물을 내오고 음식을 내왔다 저 사람 몸 안에는 무엇이 부러져 있을까 비온 뒤 햇살은 창창하여라 물기 배인 하늘을 햇살이 찌르고 있다 점점이 해전을 치르며 저수지 물살 찌르고 있는 오리 떼 생각을 접어야지 눈알만 무심히 던져야지 결심하는 오후 돼지저금통 같은 택시가 나를 찌르며 지나간다 한가롭다고 부러진 것들이 온통 따라다니며 잠시 빌린 자리조차도 용납하지 않는

발톱

조문을 간 읍내는 꽃만 피었지
나비가 날지 않는 마당처럼 햇볕만 눌어붙어 있다

천막아래 망자가 내놓은 술상 있고
마을에서 뼈 굵었음직한 노인이
슬리퍼 차림으로 망자를 말하고 있다

슬리퍼 위에 낡은 집 한 채를 본다
부서지고 휘어지고 낡아서
군새를 한 지붕과 풍파에 삭은 기둥과
거기 버섯처럼 싹을 키우는

몇 번이고 따낸 흔적은 나무껍질을 닮았다
나무 냄새 풍기는 싹이 나이테를 닮았다

미련을 남기지 않으려고 저렇듯 제 살결을 내미는 걸까
비우고 버릴 것이 있다고 여기는 한

저 싹은 계속 돋아나 무성해질 것이다
흙으로 돌아가고 싶어서 자꾸 버릴 것이다

죄 내놓은 다음 마지막으로 술상을 내놓을 것이다

귀향

바람 끝에 그가 앉아 있다
물때 낀 소주병 가스통 플라스틱 물병
마른 풀 사이에 둥둥 떠 있다

늦은 오후
바늘 던졌지만 찌는 안 보이고
거머쥔 매운탕거리도 없다

북서풍이 몰고 왔으리라
갈대처럼 수그린 그를
까치놀이 얼굴 어루만진다
춥지 않느냐고 너무 웅크리지 말라고

소주병도 한때 어느 가슴 화력이었고
부탄가스통도 한 끼 밥솥 아래 있었다고
고개 들라고 수고했다고
까치놀이 그를 껴안는다

그의 설법

무슨 말을 보태랴

방파제, 큰 칼 맞고도
칼날에 생명 달아주는 갯벌에게

침묵설법 가르침 앞에
시동 끄고 얌전해지는 배들의 말줄임표

구멍만으로
세상을 품었다 비우고
품었다 비우고

연날리기

 참가 표를 받은 것이 사십 년이 넘었다

 누구는 심판이 하늘에 산다 했고 누구는 마음속에 산다 하였으나 나는 심판은 없다 생각하였다 시작신호가 없었으므로

 줄을 잡고 걸어가면 동쪽에서 연이 솟아올랐다 둥글고 붉었다 항상 바람 부는 쪽으로 달려가야 했고 그게 가끔 노여웠으나 놀이 이유를 모르던 나는 귀 시리고 눈 매워도 그냥 참는 수밖에 없었다

 사래 긴 밭을 매거나 폐병 앓을 때 나는 연이 그만 떨어졌으면 바랐고 어머니는 가난한 밭 짙은 잡초 때문에 더 오래 떠 있으면 했으나 사랑하는 소녀를 만나는 날이면 연날리기가 끝없이 이어지기를 고대하기도 했었다

 어른이 되어갈 즈음 이 놀이는 설명서가 따로 없어 연

을 멋대로 날린다는 것을 알았다 그것이 저마다의 일기日
記라는 것, 연실을 의연하게 끊으면 위인이라 불린다는
것, 얼레 놓고 사라지면 죽음이라 부른다는 것, 아버지는
바람을 향해 달리다 얼레를 놓치는 바람에 놀이를 그만두
셨다

  설명서가 없어서 방법이 각기 다른 연날리기가 만민공
동의 부끄러운 놀이이기도 하다는 걸 짐작할 무렵, 연싸
움에 말려든 것이 서러웠으나 놀이를 그만 둘 수는 없었
다

제4부

세월

날벌레들은 문 두드리기 뭐하다고
방충망에 기대 노숙을 청하고요
청개구리는 시끄러울까봐 뒤꿈치 들어
슬슬 움직이고요
날벌레는 한눈팔다 잡아먹히고요
청개구리 배는 야금야금 부풀어 오르고요
달은 간섭하기 뭐하다고
얼굴 돌렸다가 말았다가 하고요
누구는 가 닿지 못할 곳을 쳐다보다가
어두워져 큰소리 홍얼홍얼 돌아오고요
당신은 까치발로 숨어있고요
당신이 천적인 건 알지만
기꺼이 목을 내주리라 맘먹은 후론
뒷짐 지고 당신 찾고 있는 중이고요
얼굴 한번 내밀기 바랄 뿐이고요
기어코 멱살잡이 해볼 요량이고요

윤회 법칙

오징어는 머리가 최고 횟감이라는
횟집 주인은 틀렸다
살아 제일 많이 파닥였으니
죽어서도 오래 신선도를 유지한다나
짐꾼은 어깨부터 썩는다는 사실 모르는 말씀이다

쌈 싸먹는 나의 법칙은 이렇다
먼저 썩는 것이 몸을 받는다
무조건 반대로 몸을 받는다
거부권은 없다
평생 걸었으면 날개를 주고
놀고먹었다면 고된 짐꾼으로 태어난다

그러면 먹고 싸는 것밖에 몰랐던 사람은 어찌해야하나
특별히 입과 똥구멍을 바꾸어주겠다면
제일 많이 파닥인 건 헛바닥인데
그때면 누구에게 사랑한다고 말이나 할 수 있겠나

아마 다음 생에는

진짜 아름다운 사람으로 태어날지 모른다

손발이 부지런해질지도 모른다

찔레댁

 비행을 마친, 제 이름을 모른다는 여자는 선글라스를 즐겨 쓰는 바람의 소개로 버찌들을 혼자 키우는 사내를 만나 신접을 꾸렸다

 가랑잎 이불 한 채로 시작한 동거는 가끔 폭풍출입국의 검문을 받았으나 벚나무는 빗장을 열어주지 않았고 버찌 나라말을 더듬더듬 익혔을 무렵 민증을 발급받았다

 벚나무사내만을 섬기는 그녀는 어느 봄 순백의 아이들을 주렁주렁 낳았고 이웃들은 그녀를 찔레댁이라 불렀다 더 이상 검문은 없었고 손바닥만 한 곳에서 어찌 그리 살 수가 있느냐고 갸웃거리는 이들과 반상회를 갖기도 하였다

 버찌 아범이 고마워서 오늘도 바람 드는 관절에 파스를 붙여주고 손톱을 깎아준 찔레댁, 찔레댁 계십니까 불러도 집밖으론 안 나오고 고개만 내밀어 손 흔드는 그녀, 내년

봄에 또 출산이다

  버찌 아범은 벌써 화환을 주문하였고 기와지붕을 얹겠다며 종이 위에 날짜를 기록하고 있다 침을 바른 연필심이 부풀어 올랐다

내 가격

이마에 딱지 써 붙이더니
택배차량에 태웠어요
어디로 가는지
창업 수만 년을 자랑하는 서비스정신은
시원하지도 따뜻하지도 않아요
세월주식회사 특장 안에서
모서리구석 부딪쳐 깨지는데
아무렇지 않은 듯 가고 있다니요
참 오래도 싣고 가네요
운임이 만만치 않겠어요
누가 나를 주문했을까요
여태 부리지 않았으니 귀한 모양이긴 한데
이렇듯 방치해 두다니요
가격을 누구에게 물어봐야 하지요?
기사는 말이 없고 딴 물건만 배달하고
여전히 실려 있으니
유통기한 지났으면 어쩌지요

수취인은 코를 막을 게 분명해요
나는 뭐지요? 누가 나를 불러보세요
가격은 고사하고 도대체 누구냐고요!

도시락

그것도 도시락이라고 갖고 다니는가
감추고 설레는 멋없이 속이 환히 보이는 플라스틱이 무슨 도시락이란 말인가
딸깍딸깍 네 귀퉁이 잠근다고 영혼이 생기는가
적어도 밥알들이 흘린 식은땀 때문에 뚜껑 열 때 떨어지지 않으려는 몸부림 정도는 있어야지

밥 때를 좋아하던 모낼 땅 한 줌 없던 소년이 있었다네
하지만 꽁보리밥 들킬까봐 도시락에선 쇠 쓸리는 소리가 났어
활짝 열어젖히지 못하고 뚜껑을 따라 보리 굴을 파던 소년은 만성위염을 앓아야 했지

소년이 몇 번 제복을 바꾸어 입는 동안 도시락은 보리밥이 아닌 다른 것들로 채워졌어
구멍 난 양말이며 녹이 슨 자전거 유난히 크게 소리치던 동전이며 어눌한 말투 따위들

숨겨야 할 것과 참아야 할 것 슬쩍 시늉만 해야 할 것들을 도시락이 가르쳐 주었지만 소년은 여전히 뚜껑을 따라 오락가락 어른이 되어갔지

 삭신이 찌그러지고 목이 쉬어도 쉽게 속을 보이면 안 되는 거여
 진땀나도 쉽게 속을 보여주지 않는 것이 도시락이여
 감추는 게 있어야 영혼이 깃드는 거여 자네 도시락은 속이 다 보이네 그려

연비論

 동전으로 배가 부르면 행복하다 물 한 방울로 갈증이 해소된다면 그처럼 좋은 일은 없을 것이다 경비에 따른 산출 공식, 연비가 좋다는 건 밥 한 숟갈에도 배가 부르다는 것이다

 그는 소식小食을 즐기거나 주전부리 없다거나 물을 적게 마시거나 할 것이다 옷에 대한 욕심도 없어 몇 년을 한 벌로 건너갈 수 있고 추운 방을 견뎌낼 줄 알고 더운 바람 삼킬 줄도 아는 기능이 개발되어야 할 것이다 지상에 존재하거나 존재했던 것들 중 단연 최고 연비를 자랑할 만한 것은 단연코 사람은 아닐 것이다 사람은 학이나 사자처럼 적게 먹거나 배고플 때만 사냥하는 걸 모르기도 하거니와 옷 한 벌로 평생을 사는 소나 돼지에게도 밀리거니와 평생 집 짓지 않는 물고기조차 당할 수 없는 까닭이다 그래도 역사상 연비가 좋은 것으로 기록된 것들이 있었으니 대체적으로 가난한 사람들 중에 많았다고 한다 배고파도 일해주고 헐벗고도 세상에 협조한 그들 일부는 집

없이 떠돌아다녔다는 기록이 있다

 개선할수록 성능은 좋아지는 것이다 성능이 좋아지면 적은 욕심으로도 가능한 일들이 늘어나므로 세상은 덜 소모적일 것이다 낡을수록 연비가 떨어진다고 볼 때 무릇 사람이라면 신체를 자주 움직일 것이며 닥친 일은 해결함이 마땅할 것인즉 노력으로 거듭나기를 바라며 맺고자 한다

느티나무의 행진

 느려터진 그가 뒷짐을 지고 장군당이 있는 앞산을 쳐다보는 사이, 아이들은 자라서 섬을 떴다.

 그는 몸살을 앓듯 뒤채이다가 잠이 들고, 눈뜨면 여객선을 따라오는 빨간 제비를 기다렸다 빨간 제비는 소식 없이 날마다 되돌아갔고, 그에겐 전화기나 주민등록증도 객선탑승권도 배 삯도 없었다

 어떻게든 걸어 가봐야겠다 결심한 그는 바람 불면 걱정만 하다가도 볕 좋은 날이면 까만 발을 조심스레 디뎌보기 시작하였다 하나 둘! 하나 둘! 어떤 날은 가시밭을 디뎠다가 발을 다치고 어느 날은 진흙밭으로 돌아왔지만 하루하루 걸음이 늘어났다

 발을 디뎠다 뺐다 디뎠다 뺐다 아이들 찾아 걸어가고 있는 그의 키는 이제 오십 미터, 근 이백 년째 걸어가고 있는 중이다 칠백 년은 걸어야 바닷가에 닿을 것이다

빈 집 운동회

흙벽은 종아리 만지작거리고
관절 약한 장롱은 뛰어오다 넘어지고
행여 돌아오는 식구들 어둘까
불 밝혔던 살구나무는 화약 장전하고
신혼 방이 궁금했던 담쟁이도 구경 오고
풀들은 뛰겠다고 저요! 저요! 손을 들고
여기 저기 입맞춤 다니다 신이 난 염소
기분에 취해 음메 호루라기 부네
살구나무는 얼떨결에 화약총 쏘고
멍아주는 지팡이 짚고 달리고
바랭이는 인절미 오물오물 씹으며 내닫고
민들레는 별도장 받겠다며 치닫네
아지랑이 만국기 펄럭이는 마당
막걸리에 취한 바지랑대 어깨가 덩실덩실
다음 순서는 참새 사물놀이패 공연이라는데
점심시간 알리는 박 터트리기는 멀었나
그늘마다 나물 찬 꺼내놓느라 바쁘다

겨울 아침에

얼음이 반쯤 깨진 웅덩이에
발을 담근 한 그루 나무

깨지지 않은 곳
하얀 핏발인데
아무도 발 담그지 않았다

깨지고 싶지 않아서
핏발 세워 살았다
저 얼음처럼 몸이 얼고
말이 얼고
가슴에 금 생기도록 살았다

깨지거라
부서져라
몸을 타고 넘는 말씀 한 바퀴
온몸을 훑고 지나갔다

가슴 깊은 곳 물이 돌아
겨울 아침이 후끈 달아오른다

백년 트랙

네 번째 곡선주로에서 주자는 지쳤다
다음 주자를 향하면서
부쩍 짜증나는 날이 많아졌다

아버지의 아버지,
어머니의 어머니로부터 건네받은 바통을 쥐고
놓치지 않게 힘을 넣고
소리까지 질러댄 오늘 아침

대기 주자는 딴전이다
경기 규칙이 어쩌고저쩌고 해도
들은 척도 안 한다
그냥 서 있을 뿐 준비운동도 없다
달릴 생각이 전혀 없다는 듯이

지쳤다고 사정 좀 해야 하나
바통 받고 싶어 할 때까지 무작정 기다려줘야 할 텐가

대신 달려줄 수도 없고
달리자면 요령이 있어야하는데
규정을 언제 다 말해주나

이 트랙에서는
건네주는 자가 쓰러지는 데까지가 터치 존이다
다음 주자가
어찌할 바를 모르고 서 있다가
느닷없이 바통 주워들고 달리면
또 백 년은 시작이다

가을

　나방이 한 대 물의 활주로에 내려앉았습니다 랜딩기어 펼치지 않고 동체로 비상착륙하였습니다 조종사는 게이트를 열지 않고 허공관제탑은 통제를 하지 않습니다 바람 부는 대로 비행기가 흔들립니다 왼쪽날개 오른 날개 떨어져나갑니다 동체가 부서지자 활주로가 텅 비었습니다

주류합동창고

꼭 닫아놓은 주류창고를
맘대로 들여다볼 수 있는 이는 몇 뿐이었다
비밀 철제 셔터는
터질 듯 팽팽하였고
몰래 주판알 소리 들었던 것들은
그 안에서 영원히 입을 닫아야했다
일꾼들이 뒷문을 통해 들고났지만
소식을 흘려보내는 일은 없었다
주류가 몇몇을 앗아간 건 공공연한 비밀이었고
더 큰 주류상이 되어
거액 통장 거머쥐고 사라졌다는 소문만 들렸다
그들이 떠난 창고는 비었고
차가 지날 때마다
녹슨 셔터는 앓는 소리를 낸다
더 이상 비밀이 그곳에 없는지
어린 새들이 안을 들여다보며 눈만 끔뻑이고 있다
캄캄한 어둠뿐이라고

인천식당

삼거리 영화관에 새 영화가 들어왔대서
걸음티켓 한 장 끊었다

하마터면 분장이 심하여
내 기억 속 앳된 여배우를 몰라볼 뻔했다
그녀가 주름 많고 입이 아주 거친
식당 아줌마 역役으로 돌아온 것이다

그녀의 처녀작은 심부름 하는 누이였고
필름이 낡아갈 무렵
그녀가 들밥을 머리에 얹고
논두렁 밭두둑에 나타나는 다음 역을 맡았을 땐
되똥거리던 꽃대에 가슴을 저미곤 했었다
나는 그저 장난이나 치고 있다가
나비처럼 날아가 꿀을 빨아대던 단역이었다

그녀가 어떤 남자와 사랑에 빠지는 대작에

캐스팅 되었다는 소문이 돌았지만
영화를 접하지는 못하였다
상영불가판정을 받았다는 말도 있었으나
애초 섭외 조건과 달리 까다로운 요구가 더해져
완성을 보지 못했다는 쪽에 믿음이 갔었다
그녀의 은퇴 후
모든 영화는 그저 심심한 풍경일 뿐이었는데
그녀가 은둔에서 은막으로 돌아온 것이다

상영 내내 눈여겨보아도
상대역이 누군지는 정확히 알 수 없었으나
그녀는 모든 출연자에게서
멋진 대사와 흥분한 표정을 이끌어내는 거로
어엿한 주연배우임을 알렸다

산을 오르며

길을 모두 죽이기로 한 게 분명하다
시멘트길 끝나니 철 계단
남이 정해준 보폭을 따라 걸어가면
단풍놀이 내 관망은 바닥이고
깎아지른 계단에서 나는
고소공포증을 앓는 퇴화한 한 마리 새

바람이 차질수록 길은 좁아진다
이쯤에서 길은 막혔던 모양이다
철계단을 버리고 옆으로 내려서자
거기 산을 오르고 있는 발자국들

남의 발자국에 내 걸음 보태 걸으며
걸음에 걸음을 얹는 게 아닐까, 사는 일이란
발자국을 꿈꾸지 않으면
길 하나도 만들지 못하는 거 아닐까
높이 오를수록 말수가 줄어든다

해설

삶의 내공, 생의 엄숙한 행로를 순행(巡行)하는

고명철(문학평론가 · 광운대 교수)

 지금, 이곳의 현실을 살고 있는 우리에게 삶의 희망이 있을까. 도대체, 희망이 있긴 있는 것일까. 희망의 부재 속에 희망의 신기루를 좇아 애써 그것을 꿈꾸며 옴쭉달싹 못할 정도로 그것에 맹목적으로 붙들려 있는 것은 아닐까. 이럴 때일수록 냉철할 필요가 있다. 우리에게 절실한 것은 가식적이고 어설픈 희망을 추구하는 것보다 온몸 구석구석에 깊이 새겨진 통절한 환멸과 절망의 상처에 아파하며, 희망의 부재를 견디는 삶의 내공을 벼려야 하는 게 아닐까. 이 과정 속에서 절망의 바닥을 뚜렷이 응시하고 그 바닥을 치고 올라오는 삶의 도저한 힘을 맵싸게 갈고 다듬어야 하는 것은 아닐까. 이것이 바로 거짓 투성이로 덮인 현실에서 맥풀린 삶을 사는 것을 넘어 진실의 가치를 향해 정신을 옹골차게 다 잡은 삶을 사는 윤리의식이고, 정치적 태도이며 또한 미의식의 드러남이다.

  우리는 이경호의 이번 시집에서 이러한 윤리의식과 정치적 태도, 그리고 미의식을 곰곰 음미할 수 있다.

> 비탈은 겨울을 그리며
> 비탈은 따뜻할 때엔 아닌 척
> 비탈은 바람을 들어 껴안고 놀다가
> 비탈은 이름도 없이 살다가
> 비탈은 겨울이 되어야 서서히 일어나
> 비탈은 눈이 내리면 비탈임을 깨닫고
> 비탈은 절벽에서도 피하지 않고
> 비탈은 바람을 칼 삼아 제 몸을 찔러
> 비탈은 피를 흘리며 바람을 삼키고
> 비탈은 비로소 비탈이 되며
> 비탈은 갈기를 세우고
> 비탈은 밤새도록 창가에 날을 들이대다가
> 비탈은 서슬에 겸손해진 자들만 통과시키고
> 비탈은 누구에게는 언제나 비탈로 남아 있다
>   —「비탈」 전문

이경호에게 세상은 '비탈'의 심상으로 다가온다. 말하자면 세계 그 자체가 곧 '비탈'이다. 비탈의 형상이 단적으로 보여주듯, 시인에게 세계는 위태롭고 가파른 그러면서 매섭게 추운 칼바람이 불어닥치는 매우 불온한 속성을 띤다. 문제는 비탈이 세계 자체이므로 그 누구도 비탈을 피해갈 수 없다. 다만 비탈의 이러한 불온성에 "겸손해진 자들만"이 비탈의 세계를 "통과"할 수 있다. 이것은 이번 시집을 관통하는 이경호의 시적 전언을 응축하고 있다 해도 과언이 아니다.

그렇다면, 비탈의 "서슬에 겸손해진 자들"은 어떤 삶을 살고 있을까. 가령, 그 삶의 한 단면을 살펴보자.

> 시장골목을 빨간 잠바가 누비고 간다
> 페달 굴리며 기는데
> 유난히 짧은 오른 다리는 시늉뿐이다
>
> 사는 일이 저 정도는 되어야지
> 자전거에 올라 슬그머니
> 시치미 뗄 수 있어야지
> 길을 나서기까지
> 그는 얼마나 출렁거렸을 것인가

─「우아해진다는 것」 부분

　시장에서 자전거 페달을 굴리는 사내의 동작이 어딘지 모르게 비정상적이다. 사내의 두 다리의 길이가 현저히 다르다. 어떤 곡절이 있는지 모르지만, 자전거 페달을 굴리는 다리는 한쪽 다리일 뿐이다. 자전거 페달을 굴리는 두 다리 중 "유난히 짧은 오른 다리는 시늉뿐", 그래서 자전거를 타고 가는 모습이 우스꽝스럽다. 하지만, 여기서 시적 화자가 눈여겨 본 것은 이 우스꽝스러운 몸짓의 자전거 페달 밟는 모습을 휘감고 있는 삶의 위엄이다. '그'는 결코 자전거 타기를 포기한 적이 없다. 타인의 눈을 대수롭지 않게 여길 때까지 '그'는 얼마나 모질고도 넉넉한 삶의 내공을 갈고 다듬었을까. 그동안 '그'가 겪었던 비탈진 세상의 풍파는 얼마나 거셌을까. 그리고 '그'는 얼마나 자신의 비탈진 삶에서 크게 요동치며 출렁거렸을까. 그러면서 길이가 서로 다른 두 다리를 갖고 마치 곡예하듯 균형을 잡은 채 자전거 페달을 자연스레 밟으며 비탈진 삶의 전장(戰場)─시장을 마음껏 누볐을까. '그'에게 삶은 결코 녹록하지 않았을 터, 잠시 머릿속에 이들 장면을 연상해보면, '비탈'의 심상으로 현현되는 삶에서 우리 모두 똑바로 서 있을 수 없는 것과 마찬가지로 두 다리를 자연스레 정상적으로 교차하지 못한 채 기울어진 몸뚱어리의 포즈를 반복적으로 취하면서 밟는 자전거 페달의 자세는 신기할 정도로 유사하다. 다시 말해 '그'의 자전거 페달 밟는 행위는 비탈진 삶터를 힘겹게 살아낸 삶의 경이적인 내공을 보여준다.

이러한 삶의 내공의 풍경은 이경호 시집에서 중요한 시적 성찰의 계기를 갖도록 한다.

> 만선의 깃발을 세우고 싶었다
> 한 번만 목숨 걸고 배를 타면
> 다시는 배를 타지 않겠노라 했다
> 눈물의 배는 정박하면서
> 긴 잠을 자고 싶었다, 그러나
> 스물 네 시간 배를 타야만 했다
> 대전에서도 만만찮은 몸값을 받았는데
> 만선의 뱃노래 부르지도 못하고
> 줄에 매달려 여기까지 왔다
> 단돈 칠백만 원 때문에
> 뭉칫돈 노린 보자기에
> 남정네를 씻어주며
> 비린내 밴 처녀막도 바다에 버리고
> 오늘도 찻잔 들고 배달을 간다
> 섬에 가면 아가씨가 예쁘다는 소문은
> 뱃고동에 실려 바닷가를 떠돌고

텅 빈 가슴
잦은 황사로 뿌옇기만 한데
거친 파도 어둠 속에서
한 시간 만 원짜리 등대가 되는 오양은
등대다방의 얼굴이다

―「오양」 전문

 그런데, 삶의 내공이란 딱히 이런 것이다, 고 간단히 정리할 수 없는 그 무엇이다. 우리가 시쳇말로 티켓 다방의 여종업원 오양에게서 삶의 내공을 발견하는 일은 쉽지 않다. 오양은 미풍양속을 해치는 윤락여성의 혐오스런 사회적 시선을 받고 있는데, 오양을 시적 진실의 프리즘으로 이해한다면, 오양에 대한 이 같은 사회적 시선은 전복된다. 오양을 찾는 사람들은 "만선의 깃발을 세우고 싶었"던 어부들인데, 그들의 어업 노동은 죽음을 각오할 정도로 혹독하고 위험하며 강도 높다. 뭍에서의 일을 마다하고 바다에서의 힘든 어업 노동을 선택할 수밖에 없는 그들의 고달픈 삶을 잠시 위무해주는 것은 "한 시간 만 원짜리 등대가 되는 오양"이다. 그렇다. 오양은 그들에게 등대로서 자리한다. 칠흑 같은 밤바다에 한줄기 빛을 사출시킴으로써 어둠을 헤쳐나갈 수 있도록 평화와 위안을 안겨주는 등대와 같은 역할을 오양은 맡고 있는 셈이다. 알고 보면, 오양 역시 남정네들 못지 않게 상처 투성이의 삶을 간직하고 있는 바, 때문에 오양과 남정네들 모두는 서로의 아픈 상처를 그 누구보다도 잘 헤아릴 수 있는 가엾은 존재들이다. 삶의 내공을 쌓는다는 것은 바로 이러한 삶의 상처가 아프게 아무는 과정 그 자체다.

이와 관련하여, 이경호의 시집을 읽는 내내 떠나지 않는 물음이 있다. 그의 시 곳곳에 녹아 있는 삶의 어떤 근원적 깨우침의 흔적들이다. 그렇다고 그의 시들이 윤리의식을 표나게 드러내는 계몽적 어조가 주류를 이루지는 않는다. 이 글의 앞에서 간략히 짚었듯이, 이경호의 시 전반을 감싸고 있는 것은 환멸과 절망의 현실에 정직하게 대응하는 윤리의식이며, 정치적 태도이고 이 과정에서 절로 드러나는 미의식이다. 여기서, 쉽게 간과할 수 없는 것은 시적 화자의 존재론적 뿌리인 부모에 대한 시적 성찰이다.

나
처음 세상에 나와 떨던 날
어머니
마늘 캐셨다

나
처음 세상에 나와 울던 날

아버지
머슴살이 방아 찧고 계셨다

삼십삼 년 지난 오늘
어머니
마늘 캐신다

아버지
아파트 경비원 머슴살이 하신다

―「끈」 전문

시적 화자인 '나'의 부모는 마늘을 캐고 머슴살이를 하는 이 땅의 기층민중이다. 그러니까 '나'는 민중의 자식이다. 그런데 '나'의 민중으로서 존재론적 근원에 대한 자기 인식이 말처럼 쉬운 일은 아니다. 무엇보다 '나'의 역사를 기록하는 일이 순탄하지 않기 때문이다. 그것은 '나'의 부모의 삶을 기록하는 것이 쉽지 않은 것과 무관하지 않다.

제가 떠드는 말은 모두 당신의 말씀이고
당신을 쓰는 일은 저를 쓰는 일인데
당신의 말씀 절반도 알아듣지 못하고서야
알아들은 것 절반도 움직이지 않고서야

어찌 저를 쓸 수 있겠는지요

—「어록」부분

  말하자면, '나'가 부모의 말씀을 기록하는 일이 어려운 것은 한평생을 민중으로서 살아온 부모의 "말씀 절반도 알아듣지 못하고", 그나마 힘겹게 "알아들은 것 절반도 움직이지 않"는 '나'의 부모에 대한 모종의 거리감 때문이다. 비록 '나'는 아버지의 생전의 모습을 반추하면서 아버지에 대한 그리움으로부터 자유롭지 못할지라도(「붉은 노을」), 아버지가 겪었던 삶의 고통을 온전히 이해하기 어렵다. '나'는 좀처럼 아버지가 머슴살이로 전락한 이유에 대해 알 수도 없고 하물며 그 삶에 대해 공감하기 힘들다. 그저 '나'의 아버지는 "어느날 구름 목장의 전화를 받고 울나리 선지노 해주고 양털 깎아 논 벌어오겠다며 떠나가서는 십 년도 넘게 무소식"(「전지를 하다가」)으로 남아 있는 존재다. '나'에게 아버지는 결핍 또는 부재 상태라 해도 과언이 아니다. 이것은 이 땅의 민중의 현실을 기억하고 그것을 기록으로 남기는 데 어려움이 현실적으로 뒤따르고 있음을 말한다. 하지만 민중으로서의 '나'의 기억을 기록하는 일이 마냥 어렵거나 불가능한 것만은 아니다. 기록한다는 게 문자를 수단으로 하고 있는 행위에 초점을 맞춘 것이라면, 말을 적극적 수단이자 목적으로 하고 있는 인터뷰는 민중을 에워싸고 있는 제도적 억압의 실체를 부정하고 해체하는 데 매우 효과적인 정치적 행위다. 다시 말해 인터뷰는 민중의 존재에 대한 자기인식의 확실성과 이에 기반한 윤리 및 정치, 미의식이 잘 버무려 있는 민중사—구술사(口述史)로서 그 존재 가치가 매우 높다.

> 주름이 늘면서 욕심도 늘어나더라고
> 담배농사는 말여 사람이 짓는 게 아녀
> 목돈냄새 맡아보려고 하우스를 두 동이나 빌렸더니
> 목돈은 그만두고 비닐 값도 어림없어
> 물렁해진 골초 때문에 엮어 걸기도 어렵고 큰 일여
> 담배고랑 기다보면 신물부터 나온다니께
> 그렇게 삼십 년이여
> 손에 굳은 때가 꼈어
> 어제는 김치 담갔는데 쓰다며 죄다 안 먹더라니께
> 몸뚱이도 골초간 게 분명허여
> 아무짝에도 쓸모없는 짐승이 된 거여
> 뼈까지도 머리까지도 골초간 거여
> 우린 사람 되긴 글러먹었다니께
> 어차피 사람이 아니었다니께
>
> ―「인터뷰」 전문

이러한 의미에서 위 시는 시적 화자 '나'의 어머니가 얼마나 고달프고 힘든 삶을 살아왔는지를 여실히 들려준다. "삼십 년" 동안 담배농사에 열심인 어머니의 삶과 온몸은 '골초' 투성이다. 위 시에서 애달프게 다가오는 것은 담배농사의 영향 때문인지, 어머니의 일상이 온통 담뱃내에 휩싸인 채 그 스스로 "아무짝에도 쓸모없는 짐승이 된 거여/ 뼈까지도 머리까지도 골초간 거여/ 뼈까지도 머리까지도 골초간 거여/ 우린 사람 되긴 글러먹었다니께/ 어차피 사람이 아니었다니께"의 행간에 배어든 담배농가의 민중의 신산스러우면서도 고달픈 삶의 행로다. 이 행로에 차마 이루 다 말 못할 숱한 삶의 상처들과 사연들이 얼마나 많이 켜켜이 쌓였을까.

　여기, 어느 상갓집에서 포착된 노인의 발톱에 대한 시인의 미세한 관찰을 더듬어보자.

　　천막아래 망자가 내놓은 술상 있고
　　마을에서 뼈 굵었음직한 노인이
　　슬리퍼 차림으로 망자를 말하고 있다

　　슬리퍼 위에 낡은 집 한 채를 본다
　　부서지고 휘어지고 낡아서
　　군새를 한 지붕과 풍파에 삭은 기둥과

거기 버섯처럼 싹을 키우는

몇 번이고 따낸 흔적은 나무껍질을 닮았다
나무 냄새 풍기는 싹이 나이테를 닮았다

미련을 남기지 않으려고 저렇듯 제 살결을 내미는 걸까
비우고 버릴 것이 있다고 여기는 한
저 싹은 계속 돋아나 무성해질 것이다
흙으로 돌아가고 싶어서 자꾸 버릴 것이다

―「발톱」 부분

 위 시를 곰곰 음미하고 있노라면, 묘한 느낌을 갖게 된다. 망자의 죽음을 애도하는 노인은 "슬리퍼 차림"인데, 시인이 특히 주목하고 있는 것은 그 슬리퍼 사이로 보이는 노인의 '발톱'이다. 노인의 '발톱'에 대한 형상화는 자못 진지하다. "낡은 집 한 채"와 포개놓는 시인의 심미안으로부터 절로 생에 대한 경외감이 밀려든다. 시인은 노인의 '발톱'에서 생의 행로를 읽는다. 그것은 "몇 번이고 따낸 흔적"의 "나무껍질"과 "나무 냄새 풍기는 싹"의 "나이테"를 '발톱'에서 발견한다. 노인의 삶의 행로 속에서 그 흔적은 고스란히 그의 '발톱'에 남아 있으며, 노인 역시 언젠가 그가 문상을 한 망자처럼 죽음의 행로를 밟을 것이다. 시인은 생의 엄숙한 행로를 슬리퍼 차림의 노인의 '발톱'에서 문득 엿본다. 흔히들 발톱은 신체 부위 중 가장 비천한 것으로 간주되곤 하는데, 이 비천한 발톱으로부터 자못 진지한 생의 엄숙미를 이처럼 참신한 시선으로 주목하고 있는 것은 그냥 넘겨볼 수 없는 시인의 시작(詩作)이다. 이것은 시인의 평소 시작(詩作)이 지닌 시적 개성이되 시적 품격을 이룬다 해도 과언이 아니다. 상갓집의 아우라와 절묘히 어우러지는, 노인 문상객의 슬리퍼의 '발톱'과 포개지는 생의 엄숙한 행로(생성과 소멸)가 시집을 덮은 후에 계속하여 눈에 밟힌다.

이경호 시인의 이번 시집을 읽으면서 이와 같은 생의 엄숙미에 대한 성찰적 시선은 비루한 삶의 일상을 살고 있는 우리에게 점차 망실해가고 있는 생의 소중함을 환기시켜준다. 이것은 마치 낡고 오래된 동네 영화관의 환등기로부터 사출된 빛이 뽀얀 민지들 사이를 헤집으면서 상영되는 영화가 안겨주는 그 무엇과도 바꿀 수 없는 생의 진실이다.

    삼거리 영화관에 새 영화가 들어왔대서
    걸음티켓 한 장 끊었다

    하마터면 분장이 심하여
    내 기억 속 앳된 여배우를 몰라볼 뻔했다

그녀가 주름 많고 입이 아주 거친
식당 아줌마 역役으로 돌아온 것이다

그녀의 처녀작은 심부름 하는 누이였고
필름이 낡아갈 무렵
그녀가 들밥을 머리에 얹고
논두렁 밭두둑에 나타나는 다음 역을 맡았을 땐
되똥거리던 꽃대에 가슴을 저미곤 했었다
나는 그저 장난이나 치고 있다가
나비처럼 날아가 꿀을 빨아대던 단역이었다

그녀가 어떤 남자와 사랑에 빠지는 대작에
캐스팅 되었다는 소문이 돌았지만
영화를 접하지는 못하였다
상영불가판정을 받았다는 말도 있었으나
애초 섭외 조건과 달리 까다로운 요구가 더해져
완성을 보지 못했다는 쪽에 믿음이 갔었다
그녀의 은퇴 후
모든 영화는 그저 심심한 풍경일 뿐이었는데
그녀가 은둔에서 은막으로 돌아온 것이다

상영 내내 눈여겨보아도

상대역이 누군지는 정확히 알 수 없었으나
그녀는 모든 출연자에게서
멋진 대사와 흥분한 표정을 이끌어내는 거로
어엿한 주연배우임을 알렸다

—「인천식당」 전문

  마치 한 편의 영화를 감상하듯, 시적 화자의 기억 속에 오롯이 남아 있는 "앳된 여배우"는 "주름 많고 입이 아주 거친/식당 아줌마 역(役)으로 돌아"와 있다. 그동안 어떤 사연들이 있었을까. "심부름 하는 누이"에서 "논두렁 밭두둑에 나타나는" 시골 아낙네로부터 마침내 "어떤 남자와 사랑에 빠지"더니, 그래서 더 이상 영화배우 역을 맡지 못했다는 풍문이 떠돌더니, 이제 "그녀는 모든 출연자에게서/멋진 대사와 흥분한 표정을 이끌어내는" "어엿한 주연배우"로서 찾아왔다. 바로 인천식당의 아줌마로 귀환한 것이다. 인생의 산전수전을 애오라지 겪은 후 식당의 아줌마로 돌아온 그녀의 삶이야말로 생의 진실을 담아내고 있다 해도 과언이 아니다. 인천식당을 찾은 손님들은 그 주연배우의 상대역으로서 또 다른 우리의 인생을 아름답고 감동적인 한 편의 영화를 만들기 위해 우리를 초대한다. 인천식당, 바로 그 삶의 진실의 풍경이 출렁거리는 은막으로……

우리는 이쯤에서 이경호 시인이 이번 시집에서 공들여 노래하고 있는 시적 대상들 대부분이 신산스러운 생의 풍경 사위 속에서도 생의 엄숙미를 소중히 품고 있다는 것을 알 수 있다. 아무리 지금, 이곳의 현실이 부박하고 희망이 부재하는 척박한 삶의 황무지라고 하지만, 그럴수록 이경호의 시가 마주하고 있는 생의 진실은 한층 넓고 깊다. 아마 여기에는 그의 고향 서산의 계곡 깊숙한 곳에 자애롭게 새겨져 있는 서산마애삼존불의 신비한 미소의 참뜻을 시인이 곱씹었으리라.

> 쓸데없는 말이 튀어나오려는 날이면
> 골짜기 하나 먹고 싶어진다
> (중략)
> 서론이 긴 사람이 어떻게 본론으로 걸어갔는지
> 태양의 말씀을 누가 차근히 받아 적었는지
> 다 알고 있지만 침묵하는 여기에서
> (중략)
> 냉수 한 사발 찾지 않고 그저 웃기만 하는 여기에서
> 내가 무슨 말을 참고 있는지
> 다 알고 있는 여기에서
> 다 알고 있어서 붉어지는 초록에게 눈짓하면서
> 미소 한 덩이가 먹고 싶어진다

― 「서산마애삼존불」 부분

  언어도단의 시대를 살고 있는 우리에게 서산마애삼존불의 묵언수행의 가르침은 태곳적 우주창생의 시간을 가로질러 간명한 진실을 침묵의 형식으로 설파한다. 거짓이 난무하고, 생의 진실을 호도하는 우리 시대에 서산마애삼존불의 무극(無極)/궁극(窮極)의 미소는 우리를 말없는 죽비로 내려친다. 하여, 삶이란, 생의 진실이란, 요란스런 행로와 기만의 수사학이 남발하는 말보다 묵묵히 고된 삶의 행로를 정직하게 밟아나가는 순행(巡行) 속에서 절로 드러날 터이다. 그것이 곧 이 황막한 우리 시대를 견디는 삶의 내공을 갈고 다듬는 길과 무관하지 않을 터이다. 그렇다. 이경호의 시집을 읽는 행위가 삶의 내공을 벼리는 순행에 동참하는 일이다.

  남의 발자국에 내 걸음 보태 걸으며
  걸음에 걸음을 얹는 게 아닐까, 사는 일이란
  발자국을 꿈꾸지 않으면
  길 하나도 만들지 못하는 거 아닐까
  높이 오를수록 말수가 줄어든다

― 「산을 오르며」 부분